VEGAN ONE POT

VEGAN ONE POT

Ein Topf • 80 Rezepte

SABRINA FAUDA-RÔLE
FOTOS VON REBECCA GENET

DK

INHALT

PFLANZLICHE PROTEINE
GEWÜRZE UND GESCHMACKLICHE AKZENTGEBER
AROMATISCHE KRÄUTER
FETTE ODER CREMIGE ZUTATEN
OBST ODER GEMÜSE
NUDELN ODER HÜLSENFRÜCHTE

ALLES IN EINEM TOPF

Ein veganer »One Pot*« ist ein komplettes und schmackhaftes Gericht mit ausschließlich pflanzlichen Zutaten, das schnell und einfach in einem einzigen Topf, einer Pfanne oder einem Bräter zubereitet werden kann. Ob klassisch oder ausgefallen, die Rezepte eignen sich für die ganze Familie.

Die hier vorgeschlagenen Rezepte sind für 2 bis 6 Personen berechnet. Achten Sie darauf, für Ihren Herd – Elektro, Gas oder Induktion – das richtige Kochgeschirr zu verwenden.

Der Einkauf ist unkompliziert, denn die meisten der angegebenen Zutaten sind im Supermarkt oder Bioladen zu bekommen. Einige sind im Asialaden oder im Zweifel online erhältlich. Für einen kompletten veganen One Pot benötigen Sie frisches oder tiefgefrorenes Gemüse, Getreide und/oder Hülsenfrüchte, ein Lebensmittel, das pflanzliches Eiweiß liefert, Gewürze, frische Kräuter sowie – für die meisten Rezepte – etwas, das für Cremigkeit oder Sämigkeit sorgt.

Damit alles gut gelingt:

- Verwenden Sie frisches Obst und Gemüse der Saison. Wählen Sie Bioqualität, vor allem, wenn Sie die Schale mitessen wollen.
- Bevor Sie mit der eigentlichen Zubereitung beginnen, sollten Sie alle Zutaten abwiegen, waschen, schälen oder anderweitig vorbereiten.

Fast alle Rezepte eignen sich als eigenständige Mahlzeit. Man kann sie aber nach Belieben durch einen grünen Salat oder Rohkost ergänzen.

*»One Pot« heißt wörtlich übersetzt »Eintopf«, hat aber nichts mit den klassischen, schweren und deftigen Eintöpfen vergangener Zeiten zu tun. Es handelt sich vielmehr um leichte, interessante Rezepte, deren Zutaten alle gemeinsam in einem einzigen Kochgefäß zubereitet werden.

WAS BRAUCHT MAN FÜR EINEN VEGANEN ONE POT?

1.

GETREIDE ODER HÜLSENFRÜCHTE: Nudeln, Reis, Bulgur, Quinoa, Kartoffeln. Bevorzugen Sie Nudeln von guter Qualität, die beim Kochen nicht zerfallen. Sie können Vollkorngetreide oder Vollkornnudeln verwenden.

2.

GEMÜSE, FRISCH ODER AUS DER TIEFKÜHLTRUHE, gehört in jede ausgewogene Mahlzeit. Am besten ist frisches Gemüse der Saison, alternativ können gefrorenes oder getrocknetes Gemüse verwendet werden. Biogemüse möglichst nicht schälen, um alle Nährstoffe aufzunehmen.

3.

PFLANZLICHE PROTEINE liefern zum Beispiel Hülsenfrüchte (Linsen, frische oder getrocknete Bohnen, Dicke Bohnen, Kichererbsen, auch aus der Konserve) oder Produkte auf Sojabasis wie Tofu, Tempeh oder andere.

4.

EINE FETTHALTIGE ODER CREMIGE ZUTAT, um die verschiedenen Bestandteile des Gerichts zu verbinden, eine cremige Konsistenz zu erhalten oder eine Sauce zuzubereiten. Geeignet sind pflanzliche Sahnealternativen auf Soja-, Mandel-, Reis- oder Kokosbasis, aber auch Öle oder eine geriebene vegane Käsealternative.

5.

EINE GESCHMACKSINTENSIVE ZUTAT, um dem Gericht Charakter zu geben: Ingwer, Kurkuma, getrocknete Pilze ...

6.

KRÄUTER UND GEWÜRZE
verstärken den Geschmack und verleihen dem Gericht Pep: Basisgewürze wie Currypulver, Paprikapulver, Kreuzkümmel, aber auch Zitrusschalen, Ingwer, Zitronengras, Sojasauce, Miso, Brühwürfel, nicht zu vergessen frische, getrocknete oder tiefgefrorene Kräuter, Zwiebeln, Schalotten oder Knoblauch.

7.

KALTES WASSER:
Halten Sie sich an die Mengenangaben in den Rezepten. Denken Sie daran, dass frisches oder tiefgefrorenes Gemüse in größeren Mengen beim Kochen noch Wasser abgeben kann.

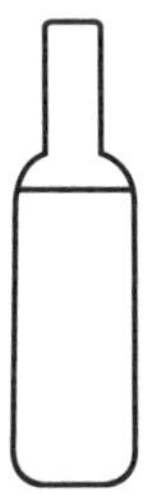

8.

ETWAS GEDULD:
Halten Sie die angegebene Garzeit ein. Je nach Rezept muss manchmal zwischendurch umgerührt werden. Ansonsten einfach köcheln lassen.

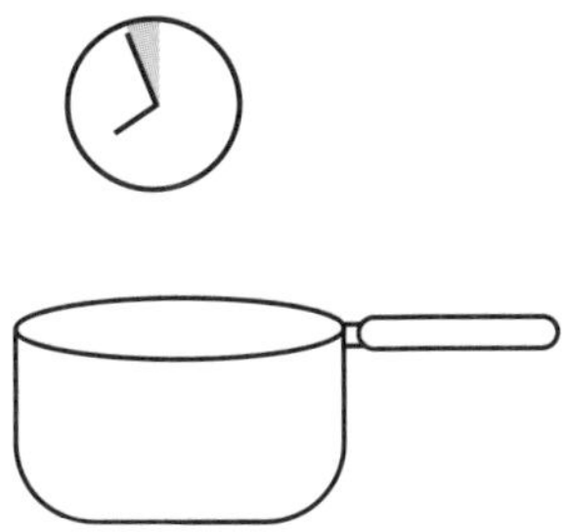

BASISVORRÄTE

HÜLSENFRÜCHTE UND GETREIDE

Nudeln von guter Qualität
Reis: Langkornreis, Rundkornreis, Risottoreis, schwarzer Reis Typ Nerone, roter, weißer oder Vollkornreis
andere Getreidearten: Bulgur, vorgekochter Weizen, Grieß, Dinkel, Gerste, Kasha (gerösteter Buchweizen), Spalterbsen, Linsen (grüne, rote, Belugalinsen)

KONSERVEN

Tomatensauce, Tomatenmark, weiße Bohnen, Kidneybohnen, Mais, Kichererbsen, Esskastanien, veganes Pesto, Oliven, getrocknete Tomaten

TETRAPAKS

Ungesüßte Pflanzendrinks und Sahnealternativen (Soja, Mandel, Dinkel, Reis usw.), Kokosmilch

KÜCHENTIPPS

PFLANZLICHE PROTEINE FÜR EINE VOLLWERTIGE MAHLZEIT

Um auch bei veganer Ernährung ausreichend Nährstoffe zu sich zu nehmen, braucht man pflanzliche Proteine. Gute Quellen dafür sind beispielsweise:

- Hülsenfrüchte wie Linsen, Kichererbsen, Spalterbsen
- Getreide wie Quinoa, Dinkel
- Nüsse (Hasel-, Macadamia-, Pekan- oder Walnüsse) und Saaten, Cashewkerne, Mandeln, Sesam
- Soja in jeder Form: Mungobohnen, Tofu, Tempeh, Miso, Flocken

Um alle essenziellen Aminosäuren aufzunehmen, ist es ratsam, verschiedene pflanzliche Proteinquellen vielfältig zu kombinieren.

GEMÜSENUDELN

Gerade für Gemüsespaghetti gibt es spezielle Spiralschneider, aber man kann aus Karotten, Zucchini oder Pastinaken auch mit einem Sparschäler dünne Streifen nach Art von Bandnudeln schneiden. Größeres Gemüse kann mit einem Hobel in dünne Scheiben nach Art von Lasagneplatten geschnitten werden.

SEIDENTOFU

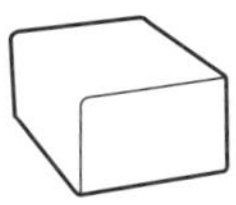

Er kann als Ersatz für stichfeste Sahne verwendet werden, aber auch in einigen Rezepten anstelle von Eiern, da er die Speise beim Kochen gerinnen lässt.

PFLANZLICHE PROTEINE AUS DEM KÜHLREGAL

GETREIDE & HÜLSENFRÜCHTE

CREMIGES

PFLANZLICHE SAHNEALTERNATIVE (AUS KOKOS, SOJA, MANDEL …)

SOJASAUCE

MISOPASTE

HARISSAPASTE

VEGANES PESTO

GEHACKTE ODER PASSIERTE TOMATEN (KONSERVE)

VEGANE MARGARINE ZUM BRATEN

WÜRZIGES

GETROCKNETE TOMATEN
FRISCHE KRÄUTER
KNOBLAUCH
SCHALOTTE
PAPRIKAPULVER
FRISCHER INGWER
KORIANDERKÖRNER
CURRYPULVER
KURKUMA (FRISCH ODER GEMAHLEN)
ZITRONENSCHALE
SELLERIE
GETROCKNETE KRÄUTER (THYMIAN, LORBEER …)

BLITZSCHNELLE GERICHTE

Aus dem Topf oder aus der Pfanne,
zu Mittag oder zum Abendessen:
Alles ist in rund 15 Minuten auf dem Tisch.

ZUCCHINISPAGHETTI AUS DER PFANNE

Vorbereitung: 5 Minuten + 10 Minuten Wartezeit
Garzeit: 5 Minuten

Für 4 Personen

4 Zucchini (gelb und grün), in Spiralstreifen geschnitten
1 junge rote Zwiebel, in Ringe geschnitten
150 g Kichererbsen (Konserve), abgetropft
1 TL Paprikapulver
3 EL Olivenöl
1 Prise Salz

1 Handvoll gemischte frische Kräuter, gehackt, zum Servieren
1 EL Sojasauce, zum Servieren
Saft und Abrieb von 1 Bio-Zitrone, zum Servieren

Pfanne, 30 cm Durchmesser

19

Zubereitung

Alle Zutaten außer Kräutern, Sojasauce und Zitrone in die Pfanne geben.
5 Minuten bei mittlerer bis starker Hitze braten. 10 Minuten ruhen lassen. Vor dem Servieren mit gehackten Kräutern, Sojasauce sowie Zitronensaft und -schale vermischen.

KAROTTENPFANNE MIT GETREIDE

Vorbereitung: 5 Minuten
Garzeit: 5 Minuten

Für 4 Personen

300 g gegartes Getreide (Quinoa, Bulgur, Reis ...), eventuell vom Vortag
150 g Karotten, geraspelt
2 Frühlingszwiebeln, gehackt
50 g Cashewkerne, geröstet
20 g Kokosspäne
150 ml Kokosmilch
1 TL Currypulver
1 EL Sojasauce
1 Prise Salz

Pfanne, 30 cm Durchmesser

Zubereitung

Alle Zutaten in der Pfanne 5 Minuten bei mittlerer Hitze unter ständigem Rühren kochen.
Sofort servieren.

GNOCCHI MIT SPINAT & SOJASAUCE

Vorbereitung: 10 Minuten
Garzeit: 5 Minuten

Für 4 Personen

300 g vegane Gnocchi (Kühlregal)
150 g junger Blattspinat
1 Schalotte, gehackt
200 g Sahnealternative
2 EL Sojasauce

1 Prise Salz
1 Prise schwarzer Pfeffer aus der Mühle
150 ml Wasser

Topf, 24 cm Durchmesser

Zubereitung

Alle Zutaten in den Topf geben, Zum Kochen bringen und unter ständigem Rühren 5 Minuten kochen lassen. Sofort servieren.

COUSCOUS MIT ERBSEN & TOFU

Vorbereitung: 5 Minuten + 10 Minuten Wartezeit
Garzeit: 5 Minuten

Für 4 Personen

200 g Couscous
200 g Erbsen (TK)
2 Frühlingszwiebeln, gehackt
2 EL Olivenöl
200 g Tofu (geräuchert oder Mandel-Sesam), in kleine Würfel geschnitten
1 Handvoll Petersilie, gehackt

Abrieb von 1 Bio-Zitrone
400 ml kochendes Wasser
½ TL Salz

Pfanne, 30 cm Durchmesser

Zubereitung

Alle Zutaten in der Pfanne aufkochen, 3 Minuten köcheln und noch 10 Minuten auf dem ausgeschalteten Herd mit einem dicht schließenden Deckel ruhen lassen.

COUSCOUS MIT MANDELN & KICHERERBSEN

Vorbereitung: 5 Minuten + 10 Minuten Wartezeit
Garzeit: 5 Minuten

Für 4 Personen

200 g Couscous
1 Schalotte, gehackt
150 g Kichererbsen (Konserve), abgetropft
4 getrocknete Aprikosen, gehackt
4 Datteln, entkernt und gehackt
12 Mandeln, gehackt
8 frische Minzblätter, gehackt

1 Prise gemahlener Zimt
1 EL Olivenöl
400 ml kochendes Wasser
½ TL Salz

Pfanne, 30 cm Durchmesser

Zubereitung

Alle Zutaten in der Pfanne aufkochen, vom Herd nehmen und die Pfanne mit einem dicht schließenden Deckel abdecken. 10 Minuten ruhen und quellen lassen, dann servieren.

BULGUR MIT BOHNEN & MAIS

Vorbereitung: 15 Minuten + 10 Minuten Wartezeit
Garzeit: 5 Minuten

Für 6 Personen

250 g Bulgur
2 Frühlingszwiebeln, gehackt
250 g Kidneybohnen (Konserve), abgetropft
250 g Mais (Konserve), abgetropft
1 TL Paprikapulver
1 EL getrockneter Oregano
400 ml kochendes Wasser
½ TL Salz
1 EL Olivenöl
1 Handvoll Kürbiskerne, zum Servieren

Pfanne, 30 cm Durchmesser

Zubereitung

Alle Zutaten bis auf die Kürbiskerne in der Pfanne aufkochen, köcheln lassen, bis das Wasser weitgehend aufgesogen wurde, dann den Herd abschalten, umrühren und mit einem dicht schließenden Deckel abdecken. 10 Minuten ruhen und quellen lassen. Mit Kürbiskernen bestreut servieren.

GNOCCHI MIT CHAMPIGNONS & GRÜNKOHL

Vorbereitung: 10 Minuten
Garzeit: 5 Minuten

Für 4 Personen

300 g vegane Gnocchi (Kühlregal)
200 g junger Grünkohl, Mittelrippe entfernt, Blätter grob gehackt
1 Schalotte, gehackt
250 g weiße Champignons, geviertelt
200 g Sahnealternative
2 EL Sojasauce
150 ml Wasser
1 Prise Salz
1 Prise schwarzer Pfeffer aus der Mühle
6 Stängel Petersilie, gehackt, zum Servieren

Topf, 24 cm Durchmesser

Zubereitung

Alle Zutaten bis auf die Petersilie in dem Topf aufkochen und unter ständigem Rühren 5 Minuten köcheln. Mit gehackter Petersilie bestreut sofort servieren.

GETREIDE

Klassische und ausgefallene Rezepte
in veganer Variante, mit Getreide und
Gemüse in den Hauptrollen.

BULGUR MIT KÜRBIS & CRANBERRYS

Vorbereitung: 10 Minuten
Garzeit: 15 Minuten

Für 4 Personen

250 g Bulgur
500 g Kürbisfruchtfleisch, geschält und gewürfelt
50 g Cranberrys
1 Zwiebel, in Spalten geschnitten
1 Prise Cayennepfeffer
1 TL Garam Masala (ind. Gewürzmischung)

Nadeln von 2 Zweigen Rosmarin
350 ml Wasser
½ TL Salz

Schmortopf oder Pfanne, 26 cm Durchmesser

Zubereitung

Alle Zutaten in den Schmortopf oder die Pfanne geben. Zum Kochen bringen und 15 Minuten bei mittlerer Hitze köcheln, dabei regelmäßig umrühren. Heiß servieren.

VEGANE PAELLA

Vorbereitung: 10 Minuten Garzeit: 35 Minuten

Für 4 Personen

100 ml Olivenöl
1 Zwiebel, gehackt
3 Paprika, gehackt
1 kleiner grüner Chili, gehackt
3 Knoblauchzehen, gehackt
1 TL geräuchertes Paprikapulver
1 Würfel Gemüsebrühe
300 g Rundkornreis
2 Artischockenherzen, geviertelt
150 g Datteltomaten
200 g geräucherter Tofu

150 g Erbsen (TK)
300 g flache grüne Bohnen, in 4 cm lange Stücke geschnitten
125 g passierte Tomaten (Konserve)
1 Prise Safran
1 Prise Salz
900 ml kochendes Wasser

Pfanne, 26 oder 30 cm Durchmesser

Zubereitung

Das Öl in der Pfanne erhitzen. Die Zwiebel 3 Minuten darin anbraten. Paprika, Chili und Knoblauch zugeben und weitere 5 Minuten braten. Paprikapulver, Brühwürfel und Reis zugeben und unter Rühren 3 Minuten mitgaren. Alle übrigen Zutaten bis auf das Wasser zugeben und gut umrühren. Das Wasser zugießen und alles ohne weiteres Rühren etwa 20 Minuten köcheln, bis das Wasser vollständig aufgesogen wurde und der Reis gar ist. Heiß servieren.

JAMBALAYA MIT REIS

Vorbereitung: 15 Minuten
Garzeit: 35 Minuten

Für 4 Personen

2 Stangen Staudensellerie
mit Grün, gehackt
2 EL Sonnenblumenöl
250 g Langkornreis
2 junge rote Zwiebeln, gehackt
2 Karotten, gehackt
1 Knoblauchzehe, gehackt
1 kleiner Chili, gehackt
1 TL Paprikapulver
2 Gewürznelken, zerstoßen,
oder 1 Msp. gemahlene Nelken
1 TL Kreuzkümmelsamen
1 EL getrockneter Oregano
2 Lorbeerblätter

500 ml kochendes Wasser
1 TL Salz
1 Würfel Gemüsebrühe
1 EL Tomatenmark
400 g Kidneybohnen (Konserve), abgetropft

Pfanne, 26 cm Durchmesser

Zubereitung

Das gehackte Selleriegrün beiseitelegen. Das Öl in der Pfanne erhitzen. Den Reis mit Zwiebeln, Sellerie, Karotten, Knoblauch, Chili und allen Gewürzen anbraten. Wasser, Salz, Brühwürfel und Tomatenmark zugeben. 30 Minuten bei geringer Hitze kochen. Am Ende der Garzeit die Lorbeerblätter entfernen, die Bohnen und das Selleriegrün zugeben und durchwärmen.

ZUCCHINI-DINKEL-TOPF

Vorbereitung: 10 Minuten
Garzeit: 45–60 Minuten

Für 4 Personen

250 g Dinkel (ganze Körner)
250 g Zucchini, in 2 cm dicke Scheiben geschnitten
200 g Sahnealternative auf Sojabasis
1 Zwiebel, gehackt
Blätter von 2 Zweigen Thymian
3 Lorbeerblätter

1 l Wasser
½ TL Salz
1 EL Misopaste aus Gerste

Topf, 24 cm Durchmesser

Zubereitung

Alle Zutaten bis auf die Misopaste in den Topf geben und 45–60 Minuten bei schwacher Hitze kochen, bis das Wasser fast aufgesogen oder verdampft ist. Minimal abkühlen lassen, Lorbeerblätter entfernen, die Misopaste einrühren und sofort servieren.

KAROTTEN MIT KREUZKÜMMEL & COUSCOUS

Vorbereitung: 15 Minuten + 10 Minuten Wartezeit
Garzeit: 5 Minuten

Für 4 Personen

700 g Karotten, in Scheiben geschnitten
1 Frühlingszwiebel, gehackt
1 Knoblauchzehe, in dünnen Scheibchen
1 EL Ahornsirup
2 EL Olivenöl
1 Prise Kreuzkümmelsamen

400 ml kochendes Wasser
½ TL Salz
200 g Couscous
2 Stängel Minze, Blätter gehackt, zum Servieren

Pfanne, 30 cm Durchmesser

Zubereitung

Karotten, Frühlingszwiebel, Knoblauch, Ahornsirup, Olivenöl und Kreuzkümmel in der Pfanne bei mittlerer Hitze 3–4 Minuten braten, bis die Karotten goldbraun werden. Wasser und Salz zugeben und aufkochen. Den Couscous einrühren, dann den Herd abschalten. Die Pfanne mit einem dicht schließenden Deckel abdecken und alles 10 Minuten ruhen und quellen lassen. Umrühren und mit Minze bestreut sofort servieren.

BUCHWEIZEN MIT WURZELGEMÜSE

Vorbereitung: 10 Minuten Garzeit: 30 Minuten

Für 4 Personen

2 EL Olivenöl
250 g Buchweizen
1 Zwiebel, gehackt
350 g Topinambur, geschält und geviertelt
1 Karotte, geschält und längs geviertelt
1 mittelgroße Kartoffel, geschält und geviertelt
2 kleine Pastinaken, geschält und längs geviertelt
Nadeln von 2 Zweigen Rosmarin
1 Prise Safran

1 Würfel Gemüsebrühe
750 ml heißes Wasser
1 Prise Salz
Blätter von 4 Stängeln Petersilie zum Servieren

Schmortopf oder Pfanne, 26 cm Durchmesser

Zubereitung

Das Olivenöl in der Pfanne oder im Schmortopf erhitzen. Buchweizen und Zwiebel zugeben und 3 Minuten bei mittlerer Hitze unter Rühren anbraten. Alle übrigen Zutaten bis auf die Petersilie zugeben. Deckel auflegen und alles etwa 25 Minuten bei schwacher Hitze garen, bis das Wasser aufgesogen oder verdampft ist. Ab und an umrühren. Mit Petersilie bestreut servieren.

THAI-REIS MIT BROKKOLI

Vorbereitung: 10 Minuten
Garzeit: 25 Minuten

Für 4 Personen

250 g weißer Thai-Reis
1 Stück frischer Ingwer (2 cm), geschält und gehackt
½ Stängel Zitronengras, gehackt
1 Knoblauchzehe, gehackt
2 Frühlingszwiebeln, gehackt
350 g Brokkoliröschen
1 TL Zucker
3–4 Snackpaprika (rot und gelb), in dünne Ringe geschnitten
2 EL Sonnenblumenöl
50 g geröstete, gesalzene Erdnüsse
500 ml Wasser
3 EL Sojasauce
1 Handvoll Koriander, gehackt, zum Servieren

Pfanne, 26 cm Durchmesser

Zubereitung

Alle Zutaten außer Wasser, Sojasauce und Koriander in der Pfanne 5 Minuten unter ständigem Rühren braten. Das Wasser und die Sojasauce hinzufügen und alles etwa 20 Minuten köcheln, bis das Wasser vollständig aufgesogen oder verdampft ist. Mit Koriander bestreut servieren.

REIS MIT ANANAS & MANDELTOFU

Vorbereitung: 10 Minuten
Garzeit: 25 Minuten

Für 4 Personen

4 EL Sonnenblumenöl
1 Zwiebel, gehackt
1 Knoblauchzehe, gehackt
200 g Thai-Reis
½ frische Ananas oder 4 Scheiben Ananas aus der Dose, gewürfelt
200 g Mandel-Sesam-Tofu, gewürfelt
2 EL Sojasauce
600 ml heißes Wasser
½ TL Salz
schwarzer Pfeffer aus der Mühle
50 g geröstete Erdnüsse, zum Servieren
1 Handvoll Koriander, gehackt, zum Servieren

Pfanne, 26 cm Durchmesser

Zubereitung

Das Öl in der Pfanne erhitzen. Zwiebel und Knoblauch darin 3 Minuten bei mittlerer Hitze braten. Reis, Ananas, Tofu, Sojasauce und Wasser zugeben. Etwa 20 Minuten kochen lassen, bis das Wasser aufgesogen oder verdampft ist. Mit Salz und Pfeffer abschmecken. Mit Erdnüssen und Koriander bestreuen und heiß servieren.

RISOTTO MIT GETROCKNETEN TOMATEN

Vorbereitung: 10 Minuten
Garzeit: 20 Minuten

Für 4 Personen

1 EL vegane Margarine
2 EL Olivenöl
250 g Rundkornreis (Arborio oder Carnaroli)
2 Schalotten, gehackt
1 Prise Paprikapulver
150 ml Weißwein

Blätter von 2 Zweigen Thymian
1 Prise Safran
100 g getrocknete Tomaten, gehackt
750 ml heißes, gesalzenes Wasser

Schmortopf oder Pfanne, 26 cm Durchmesser

Zubereitung

Margarine und Olivenöl in der Pfanne oder dem Topf erhitzen. Reis und Schalotten mit dem Paprikapulver zugeben und 3 Minuten bei mittlerer Hitze unter Rühren dünsten. Den Weißwein angießen und verkochen lassen. Thymian, Safran und Tomaten zugeben, das Salzwasser hinzufügen und alles bei schwacher Hitze kochen, bis die Flüssigkeit aufgesogen oder verdampft ist. Heiß servieren.

GRÜNES GEMÜSE-RISOTTO

Vorbereitung: 10 Minuten
Garzeit: 20 Minuten

Für 4 Personen

1 Stange Staudensellerie mit Grün, fein gehackt
1 EL vegane Margarine
2 EL Olivenöl
250 g Rundkornreis (Arborio oder Carnaroli)
2 Schalotten, gehackt
1 Karotte, fein gehackt
150 ml Weißwein
1 Würfel Gemüsebrühe
150 g Erbsen (TK)
150 g grüner Spargel, in mundgerechten Stücken
750 ml heißes Wasser
50 g junger Blattspinat

Schmortopf oder Pfanne, 26 cm Durchmesser

Zubereitung

Das gehackte Selleriegrün beiseitelegen. Margarine und Olivenöl erhitzen. Reis und Schalotten, Karotte und Sellerie darin 3 Minuten bei mittlerer Hitze unter Rühren dünsten. Den Weißwein angießen und verkochen lassen. Den zerbröselten Brühwürfel mit Erbsen und Spargel zugeben, dann das Wasser angießen und bei schwacher Hitze kochen, bis die Flüssigkeit aufgesogen oder verdampft ist. Gegen Ende der Garzeit den Spinat unterrühren und 2 Minuten zusammenfallen lassen. Mit dem Selleriegrün bestreuen und heiß servieren.

HÜLSENFRÜCHTE

Hülsenfrüchte schmecken einfach lecker!
Diese Kombinationen mit frischem Gemüse, Getreide oder sogar beidem liefern wertvolle pflanzliche Proteine.

SCHWARZE BOHNEN MIT KÜRBIS

Vorbereitung: 15 Minuten + Einweichzeit (über Nacht)
Garzeit : 1 Stunde 15 Minuten

Für 4 Personen

250 g schwarze Bohnen, über Nacht in kaltem Wasser eingeweicht
500 g Butternusskürbisfruchtfleisch, geschält und gewürfelt
200 g schnittfester Tofu mit Kräutern, gewürfelt
1 Zwiebel, in Spalten geschnitten
200 g Chinakohl, in Streifen geschnitten
200 g Sahnealternative auf Sojabasis
2 Lorbeerblätter
1 Prise Cayennepfeffer
1 l Wasser
½ TL Salz
Blätter von 8 Stängeln Koriander, gehackt, zum Servieren

Schmortopf, 26 cm Durchmesser

Zubereitung

Die Bohnen abtropfen lassen. Mit allen Zutaten bis auf den Koriander in den Topf geben. Etwa 1 Stunde 15 Minuten bei schwacher Hitze kochen. Die Lorbeerblätter entfernen, alles mit gehacktem Koriander bestreuen und heiß servieren.

LINSENTOPF MIT TOMATEN & MANGOLD

Vorbereitung: 10 Minuten
Garzeit: 30 Minuten

Für 4 Personen

150 g grüne Linsen
500 g rotstieliger Mangold, grob gehackt
100 g geräucherter Tofu, gewürfelt
400 g geschälte Tomaten (Konserve)
1 Zwiebel, in Spalten geschnitten
2 Lorbeerblätter
2 Zweige Thymian

2 EL Olivenöl
1 Prise Paprikapulver
500 ml Wasser
½ TL Salz
schwarzer Pfeffer aus der Mühle

Schmortopf, 26 cm Durchmesser

Zubereitung

Alle Zutaten in den Schmortopf geben. 30 Minuten abgedeckt bei schwacher Hitze kochen. Ab und an umrühren. Lorbeerblätter und Thymian entfernen und alles heiß servieren.

MOUSSAKA MIT KICHERERBSEN

Vorbereitung: 10 Minuten Garzeit: 35 Minuten

Für 4 Personen

100 ml Olivenöl
3 mittelgroße Auberginen, gewürfelt
1 Zwiebel, gehackt
3 Knoblauchzehen, gehackt
1 EL Zucker
1 TL Kreuzkümmelsamen
1 TL gemahlener Zimt
400 g passierte oder gehackte Tomaten (Konserve)
350 g Kartoffeln, geschält und gewürfelt
150 g Kichererbsen (Konserve), abgetropft
½ TL Salz
schwarzer Pfeffer aus der Mühle
4 Stängel frischer Oregano oder 1 TL getrockneter Oregano, zum Servieren

Schmortopf, 26 cm Durchmesser

Zubereitung

Das Öl im Schmortopf erhitzen, die Auberginen hinzufügen und 10 Minuten braten. Dabei regelmäßig umrühren. Zwiebel und Knoblauch zugeben und weitere 5 Minuten unter Rühren garen. Alle übrigen Zutaten bis auf den Oregano hinzufügen und weitere 20 Minuten bei schwacher Hitze kochen. Mit Oregano bestreut servieren.

LINSEN MIT QUINOA & WÜRSTCHEN

Vorbereitung: 10 Minuten
Garzeit: 30 Minuten

Für 4 Personen

150 g Beluga-Linsen
150 g weiße Quinoa
8 vegane Würstchen
1 Karotte, geschält und in Scheiben geschnitten
2 Zwiebeln, in Spalten geschnitten
1 Knoblauchzehe, gehackt
2 Lorbeerblätter
2 Zweige Thymian
2 EL Olivenöl
750 ml Wasser
½ TL Salz
schwarzer Pfeffer aus der Mühle

Pfanne, 26 cm Durchmesser

Zubereitung

Alle Zutaten in die Pfanne geben und aufkochen. 30 Minuten abgedeckt bei schwacher Hitze kochen. Lorbeerblätter und Thymian entfernen und alles heiß servieren.

WEISSE BOHNEN IN TOMATE

Vorbereitung: 10 Minuten + Einweichzeit (über Nacht)
Garzeit : 1 Stunde 15 Minuten

Für 4 Personen

250 g kleine weiße Bohnen, über Nacht in reichlich kaltem Wasser eingeweicht
200 g passierte oder gehackte Tomaten (Konserve)
1 Zwiebel, in Spalten geschnitten
1 Knoblauchzehe, gehackt
1 EL körniger Senf
2 EL Olivenöl
200 g getrocknete Tomaten

1 TL getrockneter Oregano
1 TL Paprikapulver
12 Salbeiblätter
2 Lorbeerblätter
1 l Wasser
½ TL Salz

Topf, 26 cm Durchmesser

Zubereitung

Die Bohnen abtropfen lassen mit den übrigen Zutaten in einen Topf geben. Aufkochen, dann 1 Stunde 15 Minuten bei schwacher Hitze kochen. Die Lorbeerblätter entfernen und alles heiß servieren.

EINTÖPFE

Schmackhafte und sättigende Eintöpfe,
von Klassikern bis hin zu weniger bekannten Gerichten –
alle auf vegane Art neu interpretiert.

CHILI SIN CARNE

Vorbereitung: 10 Minuten
Garzeit: 20 Minuten

Für 4 Personen

250 g Kidneybohnen (Konserve), abgetropft
2 Paprika (rot und grün), grob gewürfelt
50 g rote Linsen
75 g feine Sojaschnetzel
100 g Tomatenmark
1 Prise Cayennepfeffer
1 TL Paprikapulver
1 TL getrockneter Oregano
1 Knoblauchzehe, gehackt
500 ml Wasser
½ TL Salz

Pfanne, 26 cm Durchmesser

Zubereitung

Alle Zutaten in der Pfanne zum Kochen bringen. 20 Minuten bei mittlerer Hitze kochen, dabei regelmäßig umrühren. Heiß servieren.

BLUMENKOHL MIT CURRY & KOKOS

Vorbereitung: 10 Minuten
Garzeit: 20 Minuten

Für 4 Personen

500 g Blumenkohlröschen
200 ml Kokosmilch
1 EL Currypulver
1 Prise scharfes Paprikapulver
1 Zwiebel, in Spalten geschnitten
1 EL Tomatenmark

200 ml Wasser
½ TL Salz
schwarzer Pfeffer aus der Mühle
Abrieb und Saft von 1½ Bio-Limetten

Pfanne, 26 cm Durchmesser

Zubereitung

Alle Zutaten bis auf den Saft von ½ Limette in die Pfanne geben. Zum Kochen bringen und 20 Minuten bei schwacher Hitze kochen, dabei regelmäßig umrühren. Heiß servieren und nach Belieben mit mehr Limettensaft und Pfeffer abschmecken.

IN BIER GESCHMORTER ROTKOHL

Vorbereitung: 10 Minuten
Garzeit: 35 Minuten

Für 4 Personen

1 EL vegane Margarine
1 rote Zwiebel, in dünnen Spalten
1 kleiner Rotkohl, gehackt
1 TL getrockneter Oregano
4 Gewürznelken, zerstoßen
2 EL Muscovado-Zucker
250 ml helles Bier
½ TL Salz

Schmortopf, 26 cm Durchmesser

Zubereitung

Die Margarine im Schmortopf erhitzen. Die Zwiebel darin 3 Minuten bei mittlerer Hitze anbraten. Kohl, Oregano, Nelken und Zucker zugeben und 5 Minuten unter Rühren braten. Bier und Salz zufügen, den Deckel auflegen und alles 20 bis 25 Minuten köcheln. Heiß servieren.

KÜRBISTOPF MIT CURRY & KOKOS

Vorbereitung: 10 Minuten
Garzeit: 30 Minuten

Für 4 Personen

400 g Kürbisfruchtfleisch, grob gewürfelt
250 g Mais (Konserve), abgetropft
2 Paprika (grün und gelb), grob gehackt
1 Zwiebel, in Spalten geschnitten
1 Knoblauchzehe, gehackt
1 EL gelbe Currypaste
1 Stängel Zitronengras, längs halbiert

400 ml Kokosmilch
500 ml Wasser
½ TL Salz
1 Handvoll Korianderblätter, zum Servieren

Schmortopf, 26 cm Durchmesser

Zubereitung

Alle Zutaten bis auf den Koriander in den Topf geben und aufkochen. Deckel auflegen und 30 Minuten bei mittlerer Hitze kochen, dabei regelmäßig umrühren. Das Zitronengras entfernen und alles mit dem Koriander bestreut servieren.

KARTOFFELTOPF MIT LAUCH

Vorbereitung: 5 Minuten
Garzeit: 40 Minuten

Für 4 Personen

3 Lauchstangen, längs halbiert und in Streifen geschnitten
500 g Kartoffeln, geschält und grob gewürfelt
1 EL Colombo-Currypulver
50 g feine Sojaschnetzel
400 ml Kokosmilch
400 ml Wasser
½ TL Salz
schwarzer Pfeffer aus der Mühle
2 EL Kokosspäne, zum Servieren

Schmortopf, 26 cm Durchmesser

Zubereitung

Alle Zutaten bis auf die Kokosspänen in den Topf geben und 40 Minuten bei mittlerer Hitze kochen. Mit den Kokosspänen bestreuen und heiß servieren.

SÜSSKARTOFFELCURRY

Vorbereitung: 10 Minuten
Garzeit: 30 Minuten

78

Für 4 Personen

250 g Süßkartoffeln, geschält und grob gewürfelt
500 g Kartoffeln, geschält und grob gewürfelt
1 gelbe Paprika, in mundgerechte Stücke geschnitten
1 grüner Chili, in Ringe geschnitten
1 Zwiebel, in Spalten geschnitten
1 Knoblauchzehe, gehackt
1 Stück frischer Ingwer (2 cm), geschält und gehackt
1 Stängel Zitronengras, längs halbiert
1 EL gelbe Currypaste
400 ml Kokosmilch
500 ml Wasser
½ TL grobes Salz
1 Handvoll Korianderblätter, gehackt, zum Servieren
20 g Kokosspäne, zum Servieren

Pfanne, 26 cm Durchmesser

79

Zubereitung

Alle Zutaten bis auf Koriander und Kokosspäne in den Topf geben. Zum Kochen bringen, dann 30 Minuten bei schwacher Hitze garen. Das Zitronengras entfernen und alles mit Koriander und Kokosspänen bestreut servieren.

GRÜNES CURRY

Vorbereitung: 10 Minuten
Garzeit: 20 Minuten

Für 4 Personen

250 g Kichererbsen (Konserve), abgetropft
500 g Zucchini, in 1 cm dicke Scheiben geschnitten
500 g Spinat
1 Zwiebel, in Spalten geschnitten
1 EL gelbe Currypaste

200 g Sahnealternative auf Sojabasis
200 ml Wasser
½ TL grobes Salz

Schmortopf, 26 cm Durchmesser

Zubereitung

Alle Zutaten in den Topf geben. Zum Kochen bringen, dann 20 Minuten bei schwacher Hitze garen. Heiß servieren.

DAL MIT SÜSSKARTOFFELN

Vorbereitung: 10 Minuten
Garzeit: 20 Minuten

Für 4 Personen

Blätter von 6 Stängeln Koriander, grob zerzupft
250 g rote Linsen
400 g Süßkartoffeln, geschält und
in 2 cm große Würfel geschnitten
2 EL Tomatenmark
1 Zwiebel, in Spalten geschnitten
1 Knoblauchzehe, gehackt
1 TL Garam Masala (ind. Gewürzmischung)
4 Kardamomkapseln, zerdrückt
1 Prise Cayennepfeffer
200 g Sahnealternative auf Haferbasis
1 l Wasser
½ TL Salz

Schmortopf, 26 cm Durchmesser

Zubereitung

Die Hälfte des Korianders beiseitelegen. Alle übrigen Zutaten in den Topf geben. Zum Kochen bringen und 20 Minuten bei mittlerer Hitze garen, dabei regelmäßig umrühren. Mit dem restlichen Koriander garnieren und heiß servieren.

RAHMSPINAT MIT CURRY

Vorbereitung: 5 Minuten
Garzeit: 15 Minuten

Für 4 Personen

750 g Spinat
200 g Sahnealternative auf Haferbasis
1 EL gelbe Currypaste
2 Frühlingszwiebeln, in Scheiben geschnitten

½ TL Salz
40 g geröstete Cashewkerne, zum Servieren

Schmortopf, 26 cm Durchmesser

Zubereitung

Alle Zutaten außer den Cashewkernen in den Topf geben. 15 Minuten bei mittlerer Hitze kochen lassen, dabei regelmäßig umrühren. Mit den gerösteten Cashewkernen servieren.

PILZRAGOUT MIT TEMPEH

Vorbereitung: 15 Minuten   Garzeit: 40 Minuten

Für 4 Personen

4 EL Olivenöl
1 Zwiebel, in Spalten geschnitten
250 g weiße Champignons, halbiert oder geviertelt
1 Karotte, geschält und in Scheiben geschnitten
250 g Tempeh (natur), gewürfelt
1 EL Tomatenmark
1 EL geräuchertes Paprikapulver
1 Knoblauchzehe, gehackt

Blätter von 4 Zweigen Thymian
400 g weiße Bohnen (Konserve), abgetropft
1 l Wasser
½ TL Salz
schwarzer Pfeffer aus der Mühle

Schmortopf, 26 cm Durchmesser

Zubereitung

Das Öl in dem Schmortopf erhitzen. Die Zwiebel darin 3 Minuten anbraten. Die Pilze zugeben und 5 Minuten mitbraten. Alle übrigen Zutaten zufügen und 30 Minuten bei schwacher Hitze ohne Deckel köcheln. Heiß servieren.

VEGANES MAFÉ

Vorbereitung: 10 Minuten
Garzeit: 1 Stunde

Für 4 Personen

750 g Süßkartoffeln, geschält und grob gewürfelt
1 rote Paprika, in Streifen geschnitten
1 grüne Paprika, in Streifen geschnitten
2 EL Erdnussmus
1 Zwiebel, in Spalten geschnitten
1 Knoblauchzehe, gehackt
1 EL Tomatenmark
1 Würfel Gemüsebrühe

1 TL Paprikapulver
2 getrocknete Chilis oder 1 Prise Chilipulver
500 ml Wasser
½ TL Salz
schwarzer Pfeffer aus der Mühle

Schmortopf, 26 cm Durchmesser

Zubereitung

Alle Zutaten in den Topf geben. 45 Minuten abgedeckt bei schwacher Hitze köcheln. Den Deckel abnehmen und weitere 15 Minuten kochen, um die Sauce etwas zu reduzieren. Heiß servieren. Nach Belieben mit frisch gemahlenem Pfeffer würzen.

TAJINE MIT ARTISCHOCKEN

Vorbereitung: 10 Minuten
Garzeit: 40 Minuten

90

Für 4 Personen

300 g Artischockenböden (frisch oder TK)
20 g ganze Mandeln
1 Zwiebel, in Spalten geschnitten
350 g Kichererbsen (Konserve), abgetropft
250 g Kartoffeln, geschält und grob gewürfelt
1 Zimtstange

1 Prise frische Kurkuma
1 TL Ras el Hanout (Gewürzmischung)
500 ml Wasser
½ TL Salz

Schmortopf, 26 cm Durchmesser

Zubereitung

Alle Zutaten in den Topf geben. Deckel auflegen und alles 40 Minuten bei schwacher Hitze kochen. Die Zimtstange entfernen und alles heiß servieren.

RATATOUILLE MIT KAROTTEN

Vorbereitung: 15 Minuten
Garzeit: 40 Minuten

Für 4 Personen

100 ml Olivenöl
1 Aubergine, gewürfelt
1 rote Paprika, gewürfelt
1 Zwiebel, gehackt
3 Knoblauchzehen, gehackt
2 Zucchini (grün und gelb), in Scheiben geschnitten
150 g Karotten, in 2–3 cm dicke Scheiben geschnitten
Blätter von 4 Zweigen Thymian
3 Lorbeerblätter
1 TL Zucker
½ TL Salz
250 g Tomaten, geviertelt
schwarzer Pfeffer aus der Mühle

Schmortopf, 26 cm Durchmesser

93

Zubereitung

Das Öl in einem Schmortopf erhitzen. Die Auberginenwürfel darin 10 Minuten anbraten. Paprika, Zwiebel und Knoblauch zugeben und 5 Minuten unter Rühren mitbraten. Zucchini und Karotten zugeben und weitere 5 Minuten unter Rühren garen. Die Hälfte des Thymians, Lorbeer, Zucker, Salz, Tomaten und Pfeffer zufügen und 20 Minuten bei schwacher Hitze abgedeckt schmoren. Die Lorbeerblätter entfernen, alles mit dem restlichen Thymian bestreuen und heiß oder lauwarm servieren.

KLASSISCHES RATATOUILLE

Vorbereitung: 15 Minuten
Garzeit: 1 Stunde

Für 4 Personen

100 ml Olivenöl
400 g Auberginen, gewürfelt
400 g Paprika, gewürfelt
1 Zwiebel, gehackt
2 Knoblauchzehen, gehackt
400 g Zucchini, in 1 cm dicke Scheiben geschnitten
Blätter von 4 Zweigen Thymian
2 Lorbeerblätter
1 TL Zucker
½ TL Salz
400 g gehackte Tomaten (Konserve)
schwarzer Pfeffer aus der Mühle

Schmortopf, 26 cm Durchmesser

95

Zubereitung

Das Öl in einem Topf erhitzen. Die Auberginenwürfel darin 10 Minuten anbraten. Paprika, Zwiebel und Knoblauch dazugeben und weitere 5 Minuten unter Rühren braten. Zucchini hinzufügen und 5 Minuten unter Rühren mitgaren. Thymian, Lorbeer, Zucker, Salz, Tomaten und Pfeffer dazugeben und alles abgedeckt 40 Minuten bei schwacher Hitze schmoren. Die Lorberblätter entfernen und alles heiß oder lauwarm servieren.

JAPANISCHER FEUERTOPF

Vorbereitung: 10 Minuten
Garzeit: 30 Minuten

Für 4 Personen

4 mittelgroße Karotten, in dicke, mundgerechte Stücke geschnitten
700 g Mairüben, in Spalten geschnitten
1 Lauchstange, in 4–5 cm lange Stücke geschnitten
1 Zwiebel, in Spalten geschnitten
4 EL Sojasauce oder Tamari
1 l Wasser
2 EL helle Misopaste
1 EL Sesam, zum Servieren

Schmortopf, 26 cm Durchmesser

Zubereitung

Alle Zutaten bis auf Misopaste und Sesam in den Topf geben. Aufkochen und 30 Minuten bei mittlerer Hitze abgedeckt köcheln. Minimal abkühlen lassen, die Misopaste einrühren und mit Sesam bestreut servieren.

SAHNIGE KARTOFFELN MIT OLIVEN

Vorbereitung: 10 Minuten
Garzeit: 30 Minuten

Für 4 Personen

800 g Kartoffeln, geschält und in 4–5 cm große Stücke geschnitten
1 Zwiebel, in Spalten geschnitten
50 g grüne Oliven
50 g Walnusskerne
12 Salbeiblätter
100 g geräucherter Tofu, gewürfelt
200 g Sahnealternative auf Sojabasis
250 ml Wasser
½ TL Salz
schwarzer Pfeffer aus der Mühle

Schmortopf, 26 cm Durchmesser

Zubereitung

Alle Zutaten in den Topf geben. Zum Kochen bringen und 30 Minuten bei mittlerer Hitze garen, dabei regelmäßig umrühren. Heiß servieren. Nach Belieben mit frisch gemahlenem Pfeffer würzen.

SELLERIESTAMPF MIT KAROTTEN

Vorbereitung: 10 Minuten
Garzeit: 30 Minuten

Für 4 Personen

500 g Knollensellerie, geschält und grob in Stücke geschnitten
500 g Karotten, geschält und in 2 cm dicke Scheiben geschnitten
400 ml Mandeldrink
1 Prise geriebene Muskatnuss
½ TL Salz
schwarzer Pfeffer aus der Mühle
2 EL vegane Margarine
20 Mandeln, grob gehackt, zum Servieren

Schmortopf, 26 cm Durchmesser

Zubereitung

Alle Zutaten bis auf Margarine und Mandeln in den Topf geben. Zum Kochen bringen und 30 Minuten zugedeckt bei schwacher Hitze garen. Mit der Margarine stampfen oder pürieren. Mit gehackten Mandeln bestreuen und servieren.

SÜSSKARTOFFELSTAMPF

Vorbereitung: 10 Minuten
Garzeit: 35 Minuten

Für 4 Personen

2 EL vegane Margarine
1 Zwiebel, gehackt
500 g Süßkartoffeln, geschält und grob gewürfelt
500 g Kartoffeln, geschält und grob gewürfelt
400 ml Reisdrink

1 Prise geriebene Muskatnuss
½ TL Salz
schwarzer Pfeffer aus der Mühle

Schmortopf, 26 cm Durchmesser

Zubereitung

Die Hälfte der Margarine im Topf zerlassen und die Zwiebel darin in 4 Minuten glasig dünsten. Süßkartoffeln, Kartoffeln, Reisdrink, Muskat und Salz zugeben. Alles aufkochen und 30 Minuten zugedeckt bei schwacher Hitze garen. Frisch gemahlenen Pfeffer und die restliche Margarine zugeben und alles mit einem Kartoffelstampfer zerdrücken. Sofort servieren.

PÜREE AUS SPALTERBSEN

Vorbereitung: 5 Minuten
Garzeit: 45 Minuten

Für 4 Personen

400 g Spalterbsen
1 Karotte, klein gewürfelt
100 g Tofu mit Kräutern, in grobe Würfel geschnitten
1 Zwiebel, in Spalten geschnitten
1 Knoblauchzehe, halbiert
Nadeln von 1 Zweig Rosmarin
1,2 l Wasser

½ TL Salz
schwarzer Pfeffer aus der Mühle
Olivenöl, zum Servieren

Schmortopf, 26 cm Durchmesser

105

Zubereitung

Alle Zutaten bis auf das Olivenöl in den Topf geben und zum Kochen bringen. 45 Minuten abgedeckt bei schwacher Hitze garen. Pürieren, mit Olivenöl beträufeln, nach Belieben nachpfeffern und servieren.

BLUMENKOHL-BROKKOLI-PÜREE

Vorbereitung: 5 Minuten
Garzeit: 30 Minuten

Für 4 Personen

350 g Kartoffeln, geschält und grob gewürfelt
500 g Blumenkohlröschen
250 g Brokkoliröschen
1 Msp. geräuchertes Paprikapulver
400 ml Reisdrink
Abrieb von 1 Bio-Zitrone
½ TL Salz
schwarzer Pfeffer aus der Mühle

Schmortopf, 26 cm Durchmesser

Zubereitung

Kartoffeln und Gemüse mit geräuchertem Paprikapulver, Reisdrink, Abrieb von ½ Zitrone, Salz und Pfeffer in den Topf geben. Zum Kochen bringen und 30 Minuten abgedeckt bei schwacher Hitze garen. Pürieren und nach Belieben mit Paprikapulver und Pfeffer und mit der restlichen Zitronenschale bestreuen. Heiß servieren.

NUDELN

Für die folgenden Rezepte werden die Nudeln direkt zusammen mit den übrigen Zutaten in wenig Wasser gegart: schnell, einfach und trotzdem auf den Punkt.

MAC 'N' CHEESE

Vorbereitung: 5 Minuten
Garzeit: 15 Minuten

Für 4 Personen

350 g kurze Makkaroni
1 EL vegane Margarine
1 EL braunes Mandelmus
1 EL körniger Senf
1 Knoblauchzehe, gehackt
1 Schalotte, gehackt
1 EL Speisestärke
1 TL Paprikapulver
1 TL Agavendicksaft
1 Würfel Gemüsebrühe
750 ml Wasser
½ TL Salz
schwarzer Pfeffer aus der Mühle
2 EL Hefeflocken, zum Servieren
150 g Käsealternative, gerieben, zum Servieren

Schmortopf, 26 cm Durchmesser

111

Zubereitung

Alle Zutaten außer Hefeflocken und veganer Käsealternative in den Topf geben und bei mittlerer Hitze unter regelmäßigem Rühren etwa 15 Minuten kochen. Vor dem Servieren die Hefeflocken und den veganen »Reibekäse« unterrühren.

SPAGHETTI MIT AUBERGINE & TOMATE

Vorbereitung: 10 Minuten
Garzeit: 30 Minuten

Für 4 Personen

4 EL Olivenöl
2 Auberginen, grob gewürfelt
2 Knoblauchzehen, gehackt
20 g Pinienkerne
350 g Spaghetti
500 g passierte Tomaten (Konserve)
1 TL Zucker
500 ml Wasser
schwarzer Pfeffer aus der Mühle
2 Stängel Minze, Blätter gehackt, zum Servieren

Schmortopf, 26 cm Durchmesser

Zubereitung

Das Öl im Schmortopf erhitzen und die Auberginen darin 10 Minuten anbraten. Knoblauch und Pinienkerne hinzugeben und 5 Minuten mitbraten. Alle übrigen Zutaten außer der Minze hinzufügen. Weitere 15 Minuten kochen, dabei regelmäßig umrühren. Mit Minze bestreuen und heiß servieren.

CREMIGE NUDELN MIT PILZEN & ZITRONE

Vorbereitung: 10 Minuten
Garzeit: 15 Minuten

Für 4 Personen

350 g Fusilli
350 g helle Champignons, halbiert
300 g Seidentofu
1 Würfel Gemüsebrühe
2 Schalotten, in Scheiben geschnitten
1 TL Fenchelsamen

200 g Sahnealternative auf Sojabasis
750 ml Wasser
schwarzer Pfeffer aus der Mühle
Abrieb und Saft von 1 Bio-Zitrone

Schmortopf, 26 cm Durchmesser

Zubereitung

Alle Zutaten bis auf den Zitronensaft in den Topf geben und etwa 15 Minuten bei mittlerer Hitze kochen, dabei regelmäßig umrühren. Mit etwas Zitronensaft beträufeln und servieren.

NUDELN MIT HUMMUS & SPINAT

Vorbereitung: 5 Minuten
Garzeit: 15 Minuten

Für 4 Personen

350 g Spaghetti (rot oder grün nach Belieben)
1 Zwiebel, in Spalten geschnitten
150 g Hummus
150 g junger Blattspinat
1 Knoblauchzehe, in dünne Scheiben geschnitten
2 EL Olivenöl

750 ml Wasser
½ TL Salz
schwarzer Pfeffer aus der Mühle
Abrieb und Saft von 1 Bio-Zitrone

Schmortopf, 26 cm Durchmesser

Zubereitung

Alle Zutaten außer dem Zitronensaft in den Topf geben und etwa 15 Minuten bei mittlerer Hitze kochen, dabei regelmäßig umrühren. Mit etwas Zitronensaft beträufeln und servieren.

FUSILLI MIT GRÜNEM GEMÜSE

Vorbereitung: 5 Minuten
Garzeit: 15 Minuten

Für 4 Personen

250 g Fusilli aus Weizenvollkorn oder roten Linsen
150 g Dicke Bohnen (TK)
150 g Erbsen (TK)
150 g Brokkoliröschen
1 Würfel Gemüsebrühe
1 Schalotte, gehackt
200 g Sahnealternative auf Sojabasis

750 ml Wasser
1 Prise Salz
schwarzer Pfeffer aus der Mühle
Abrieb und Saft von 1 Bio-Zitrone

Schmortopf, 26 cm Durchmesser

Zubereitung

Alle Zutaten bis auf den Zitronensaft in den Topf geben und etwa 15 Minuten bei mittlerer Hitze kochen, dabei regelmäßig umrühren. Mit etwas Zitronensaft beträufeln und servieren.

PENNE MIT MANDELN & AVOCADO

Vorbereitung: 5 Minuten
Garzeit: 15 Minuten

Für 4 Personen

350 g Penne
2 EL veganes Pesto
100 g junger Blattspinat
20 g Mandeln, grob gehackt
2 Knoblauchzehen, in dünne Scheiben geschnitten
500 ml Wasser

½ TL Salz
schwarzer Pfeffer aus der Mühle
2 kleine Avocados, in Streifen geschnitten, zum Servieren

Pfanne, 26 cm Durchmesser

121

Zubereitung

Alle Zutaten bis auf die Avocados in die Pfanne geben und 15 Minuten bei mittlerer Hitze garen, dabei regelmäßig umrühren. Mit den Avocadostreifen anrichten und servieren.

LINGUINE MIT TOMATEN, ZUCCHINI & OLIVEN

Vorbereitung: 10 Minuten
Garzeit: 15 Minuten

Für 4 Personen

350 g Linguine
500 g Kirschtomaten, halbiert
2 Zucchini, in dünne Bänder geschnitten
2 Knoblauchzehen, in dünne Scheiben geschnitten
2 EL Olivenöl
50 g schwarze Oliven
1 Prise Chiliflocken

750 ml Wasser
½ TL Salz
schwarzer Pfeffer aus der Mühle
Blätter von 3 Stängeln Basilikum, grob zerzupft, zum Servieren

Schmortopf, 26 cm Durchmesser

Zubereitung

Alle Zutaten bis auf das Basilikum in den Topf geben und etwa 15 Minuten bei mittlerer Hitze kochen, dabei regelmäßig umrühren. Mit Basilikum bestreut servieren.

VEGANE BOLOGNESE

Vorbereitung: 15 Minuten
Garzeit: 50 Minuten

Für 6 Personen

4 EL Olivenöl
1 Zwiebel, gehackt
3 Stangen Staudensellerie, gehackt
2 Karotten, gehackt
2 Knoblauchzehen, gehackt
1 EL getrockneter Oregano
800 g passierte oder gehackte Tomaten (Konserve)

150 g rote Linsen
100 g Tempeh, klein gewürfelt
3 Lorbeerblätter
150 ml Wasser
½ TL Salz

Schmortopf, 30 cm Durchmesser

Zubereitung

Das Öl im Topf erhitzen. Zwiebel, Sellerie und Karotten 5 Minuten unter Rühren bei mittlerer Hitze anbraten. Knoblauch und Oregano zugeben und 3 Minuten unter Rühren mitbraten. Alle übrigen Zutaten hinzufügen und das Ganze 40 Minuten bei schwacher Hitze abgedeckt kochen. Zwischendurch umrühren. Die Lorbeerblätter entfernen und alles heiß servieren.

AUS DER PFANNE

Von knackigem Pfannengemüse über cremige Gemüse-Polenta
bis zu krossen Rösti und zarten Pfannkuchen –
köstlich und schnell zubereitet.

TOFUPFANNE MIT GRÜNEM GEMÜSE

Vorbereitung: 10 Minuten
Garzeit: 15 Minuten

Für 4 Personen

500 g grüne Bohnen
200 g Dicke Bohnen (TK)
200 g Mandel-Sesam-Tofu, in 1 cm dicke Würfel geschnitten
1 Schalotte, in Scheiben geschnitten
4 EL Olivenöl
1 Knoblauchzehe, gehackt
Blätter von 4 Stängeln Petersilie, gehackt
2 EL Tamari oder Sojasauce

Pfanne, 26 cm Durchmesser

Zubereitung

Alle Zutaten außer Petersilie und Tamari oder Sojasauce in die Pfanne geben. Bei mittlerer Hitze 7–8 Minuten dünsten, dabei regelmäßig umrühren. 50 ml Wasser zugießen, die Pfanne abdecken und alles weitere 7 Minuten bei schwacher Hitze garen. Tamari oder Sojasauce und Petersilie unterrühren und servieren.

TOFUPFANNE MIT TOMATEN & OLIVEN

Vorbereitung: 5 Minuten
Garzeit: 8 Minuten

Für 4 Personen

400 g Kirschtomaten
2 EL Kapern
200 g geräucherter Tofu, in 1 cm dicke Würfel geschnitten
1 TL frischer Oregano
2 EL Olivenöl
1 Knoblauchzehe, in dünne Scheiben geschnitten
50 g schwarze Oliven
Blätter von 4 Stängeln Petersilie, zum Bestreuen

Pfanne, 26 cm Durchmesser

Zubereitung

Alle Zutaten außer der Petersilie in die Pfanne geben. 7–8 Minuten bei mittlerer Hitze unter regelmäßigem Rühren garen, bis die Tomaten weich werden. Mit der Petersilie bestreuen und servieren.

ROSENKOHLPFANNE MIT WALNÜSSEN

Vorbereitung: 10 Minuten
Garzeit: 15 Minuten

Für 4 Personen

250 g Rosenkohl, Röschen halbiert
1 Apfel, in schmale Spalten geschnitten
1 junge rote Zwiebel, in Scheiben geschnitten
50 g Walnusskerne
100 g geräucherter Tofu, gewürfelt
2 EL Olivenöl
1 TL Currypulver
½ TL Salz
schwarzer Pfeffer aus der Mühle
200 ml Wasser
1 EL Ahornsirup

Pfanne, 26 cm Durchmesser

Zubereitung

Alle Zutaten bis auf das Wasser und den Ahornsirup in den Topf geben. 7 Minuten bei starker Hitze anbraten. Das Wasser zugießen und 5 Minuten bei mittlerer Hitze abgedeckt kochen. Den Deckel abnehmen. Den Ahornsirup zugeben und weitere 3 Minuten bei starker Hitze kochen lassen, bis er leicht karamellisiert. Mit Salz und Pfeffer abschmecken und servieren.

GERÜHRTER TOFU MIT CHAMPIGNONS

Vorbereitung: 5 Minuten
Garzeit: 15 Minuten

134

Für 4 Personen

100 g Tofu mit Kräutern
400 g Seidentofu
½ TL Salz
1 Prise Paprikapulver
1 EL Kokosmargarine
4 große Champignons, in dicke Scheiben geschnitten

1 Handvoll Rucola
1 Avocado, in Scheiben geschnitten
1 Prise schwarzer Pfeffer aus der Mühle
1 EL Olivenöl

Pfanne, 26 cm Durchmesser

Zubereitung

Den Kräutertofu zerbröseln, dann mit Seidentofu, Salz und Paprikapulver mischen. Die Margarine in der Pfanne erhitzen. Die Champignons 5 Minuten unter Rühren bei starker Hitze anbraten. Die Tofumischung hinzufügen und 10 Minuten bei mittlerer Hitze unter ständigem Rühren garen. Heiß oder lauwarm mit Rucola und Avocado anrichten. Mit Pfeffer bestreuen und mit Olivenöl beträufeln.

REISNUDELN MIT ZUCKERSCHOTEN

Vorbereitung: 10 Minuten + 10 Minuten Einweichzeit
Garzeit: 5 Minuten

Für 4 Personen

200 g Reisbandnudeln, 10 Minuten in kaltem Wasser eingeweicht, abgetropft
250 g Zuckerschoten
100 g junger Blattspinat
1 rote Zwiebel, in dünne Spalten geschnitten
1 Stück frischer Ingwer (2 cm), geschält und gehackt
2 EL Sesamöl
2 EL Sojasauce
1 EL Sesam
400 ml Wasser
1 Prise Salz
2 EL Mirin oder Reisessig
1 Handvoll Korianderblätter, gehackt, zum Servieren

Pfanne, 26 cm Durchmesser

137

Zubereitung

Alle Zutaten bis auf den Koriander in die Pfanne geben. Zum Kochen bringen, dann 5 Minuten bei mittlerer Hitze kochen. Dabei vorsichtig umrühren, damit die Nudeln nicht zerbrechen. Mit dem Koriander bestreuen und sofort servieren.

FÖRSTERPFANNE MIT BROT

Vorbereitung: 5 Minuten
Garzeit: 15 Minuten

Für 4 Personen

4 EL Olivenöl
150 g Vollkornweizenbrot, gewürfelt
2 Knoblauchzehen, gehackt
Blätter von 2 Zweigen Thymian
20 g Pinienkerne
250 g Champignons, geviertelt
50 g junger Blattspinat

2 EL Sojasauce
1 Prise Salz
schwarzer Pfeffer aus der Mühle

Pfanne, 26 cm Durchmesser

Zubereitung

Das Öl in der Pfanne erhitzen, das Brot hineingeben und 7 Minuten bei mittlerer Hitze leicht anrösten. Knoblauch, Thymian und Pinienkerne zugeben und unter Rühren 3 Minuten mitbraten. Die Pilze zugeben und weitere 5 Minuten garen. Spinat und Sojasauce hinzufügen und 1 Minute durchwärmen. Mit Salz und Pfeffer abschmecken und servieren.

REISNUDELN MIT KAROTTEN & ZUCCHINI

Vorbereitung: 10 Minuten + 10 Minuten Einweichzeit
Garzeit: 10 Minuten

Für 4 Personen

200 g Reisbandnudeln, 10 Minuten in kaltem Wasser eingeweicht, abgetropft
2 Karotten, mit dem Sparschäler in Bänder geschnitten
1 Zucchini, mit dem Sparschäler in Bänder geschnitten
2 EL Sesamöl
2 EL Sojasauce
1 junge rote Zwiebel mit Grün, gehackt

200 ml Wasser
1 Prise grobes Salz
2 EL Sesam

Pfanne, 30 cm Durchmesser

Zubereitung

Alle Zutaten bis auf 1 EL Sesam in die Pfanne geben. Etwa 10 Minuten bei geringer Hitze köcheln, bis die Nudeln gar sind. Sofort mit dem verbliebenen Sesam bestreuen und servieren.

GNOCCHI MIT TOMATEN

Vorbereitung: 5 Minuten
Garzeit: 10 Minuten

Für 4 Personen

Blätter von 3 Stängeln Basilikum
300 g vegane Gnocchi zum Braten, alternativ Schupfnudeln
350 g Kirschtomaten
2 EL Olivenöl
1 Schalotte, gehackt
1 Prise Zucker
2 EL Sojasauce
1 Knoblauchzehe, in dünne Scheiben geschnitten
50 g Rucola
Salz und schwarzer Pfeffer

Pfanne, 26 cm Durchmesser

Zubereitung

Einige Blätter Basilikum zum Servieren beiseitestellen. Alle anderen Zutaten in die Pfanne geben. 10 Minuten bei mittlerer Hitze braten. Mit Salz und Pfeffer würzen und mit Basilikumblättern garniert servieren.

RADIESCHENPFANNE MIT TOFU

Vorbereitung: 5 Minuten
Garzeit: 15 Minuten

Für 4 Personen

2 EL Olivenöl
200 g geräucherter Tofu, gewürfelt
1 junge Zwiebel, gehackt
½ Bund Radieschen, Grün grob gehackt, Radieschen in dicke Scheiben geschnitten

250 g Erbsen (TK)
1 EL Sojasauce
50 g Haselnusskerne, grob gehackt, zum Servieren

Pfanne, 26 cm Durchmesser

Zubereitung

Das Öl in der Pfanne erhitzen. Tofu und Zwiebel darin 5 Minuten bei mittlerer Hitze anbraten. Das gehackte Radieschengrün zugeben und 5 Minuten mitbraten, dann Erbsen, Radieschen und Sojasauce zugeben. Weitere 5 Minuten braten, mit Haselnüssen bestreuen und heiß servieren.

AUBERGINEN-ZUCCHINI-PFANNE

Vorbereitung: 10 Minuten Garzeit: 30 Minuten

Für 4 Personen

100 ml Olivenöl
250 g Auberginen, gewürfelt
700 g Zucchini, in Scheiben geschnitten
2 Knoblauchzehen, gehackt
20 g Mandeln, grob gehackt
50 g Rucola
Blätter von 3 Stängeln Basilikum
½ TL Salz

1 EL schwarzer Sesam, zum Servieren
2 EL Sojasauce, zum Servieren

Pfanne, 26 cm Durchmesser

Zubereitung

Das Öl in der Pfanne erhitzen, die Auberginenwürfel hinzufügen und 20 Minuten bei mittlerer Hitze braten, dabei regelmäßig umrühren. Zucchini und Knoblauch hinzufügen und weitere 10 Minuten unter Rühren braten. Mandeln, Rucola, Basilikum und Salz hinzufügen. Noch 1 Minute gut durchwärmen, dann mit Sesam bestreuen und servieren. Nach Belieben mit Sojasauce nachwürzen.

PIKANTE ERBSENPFANNE MIT MAIS

Vorbereitung: 5 Minuten
Garzeit: 10 Minuten

Für 4 Personen

250 g Kichererbsen (Konserve), abgetropft
250 g Mais (Konserve), abgetropft
250 g Erbsen (TK)
2 junge Zwiebeln, in dünne Scheiben geschnitten
2 EL Olivenöl
1 Prise Piment d'Espelette oder Chilipulver

Salz und schwarzer Pfeffer
2 Stängel Minze, Blätter gehackt
1 Handvoll Petersilie, gehackt

Pfanne, 26 cm Durchmesser

Zubereitung

Kichererbsen, Mais, Erbsen, Zwiebeln, Olivenöl und Chilipulver in die Pfanne geben. Das Gemüse 10 Minuten bei mittlerer Hitze braten. Mit Salz und Pfeffer abschmecken, mit den gehackten Kräutern bestreuen und servieren.

KAROTTENPFANNE MIT TEMPEH

Vorbereitung: 10 Minuten
Garzeit: 5 Minuten

Für 4 Personen

400 g Karotten, in dünne Scheiben geschnitten
½ Salzzitrone, gehackt
200 g Tempeh, in 1 cm dicke Würfel geschnitten
1 rote Zwiebel, in dünne Spalten geschnitten
2 EL Olivenöl
1 TL Kreuzkümmelsamen
1 TL gemahlener Koriander
1 EL Ahornsirup
½ TL Salz

Pfanne, 26 cm Durchmesser

Zubereitung

Alle Zutaten in die Pfanne geben. Das Gemüse 5–6 Minuten braten, bis die Karotten bissfest und karamellisiert sind. Heiß servieren.

GALETTES MIT SPINAT & HUMMUS

Vorbereitung: 5 Minuten Garzeit: 10 Minuten

Für 2 Personen

4 EL Olivenöl
2 Galettes (dünne Buchweizen-pfannkuchen; aus dem Kühlregal)
150 g Hummus
50 g junger Blattspinat
1 EL Sesam
Blätter von 2 Zweigen Thymian
100 g Tofu mit Curry, zerbröselt
Salz und schwarzer Pfeffer

Pfanne, 30 cm Durchmesser

Zubereitung

Das Öl in der Pfanne auf niedriger Stufe erhitzen. Die Galettes auf der Arbeitsfläche ausbreiten und mit dem Hummus bestreichen. Spinat, Sesam, Thymianblätter und Tofu darauf verteilen. Mit Salz und Pfeffer würzen, dann die Pfannkuchen zu Halbkreisen falten. Nebeneinander in die Pfanne legen und 5 Minuten backen, dann vorsichtig wenden. Heiß oder lauwarm servieren.

GRIESS MIT KRÄUTERN & ZWIEBELN

Vorbereitung: 5 Minuten + 5 Minuten Wartezeit
Garzeit: 5 Minuten

Für 4 Personen

150 g feiner Grieß
400 ml Soja- oder Haferdrink
1 junge Zwiebel, in Spalten geschnitten
1 Prise gemahlene Kurkuma
1 Prise Kreuzkümmelsamen
½ Bund Schnittlauch, in Röllchen geschnitten
½ Bund Petersilie, Blätter gehackt
1 TL vegane Margarine
½ TL Salz

Pfanne, 26 cm Durchmesser

155

Zubereitung

Alle Zutaten in die Pfanne geben. Zum Kochen bringen und 5 Minuten kochen, dabei rühren, bis der Grieß eindickt. 5 Minuten abgedeckt ruhen lassen. Heiß oder lauwarm servieren.

PASTINAKEN-KARTOFFEL-RÖSTI

Vorbereitung: 10 Minuten
Garzeit: 50 Minuten

Für 2 Personen

250 g Kartoffeln, geschält und geraspelt
1 Zwiebel, in Scheiben geschnitten
1 Knoblauchzehe, gerieben
250 g Pastinaken, geschält und geraspelt
Salz und schwarzer Pfeffer
8 EL Öl

2 EL gehackte Petersilie, zum Bestreuen

Pfanne, 30 cm Durchmesser

Zubereitung

Die geraspelten Kartoffeln abspülen und trocken tupfen. Mit Zwiebel, Knoblauch und Pastinaken vermengen. Mit Salz und Pfeffer würzen. 4 EL Öl in der Pfanne erhitzen. Die Hälfte der Röstimasse hineingeben und bei mittlerer Hitze etwa 15 Minuten braten. Mithilfe eines Tellers wenden und die andere Seite 10 Minuten braten. Den Vorgang mit der restlichen Röstimasse wiederholen. Warm oder lauwarm mit Petersilie bestreut servieren.

POLENTA MIT GEMÜSE

Vorbereitung: 5 Minuten + 5 Minuten Wartezeit
Garzeit: 5 Minuten

Für 4 Personen

150 g Instant-Polenta
250 g helle Champignons, geviertelt
200 g Kirschtomaten
1 junge Zwiebel, in dünne Scheiben geschnitten
12 Basilikumblätter, in feine Streifen geschnitten
2 EL Olivenöl

700 ml Wasser
½ TL Salz
schwarzer Pfeffer aus der Mühle

Pfanne, 26 cm Durchmesser

Zubereitung

Alle Zutaten in die Pfanne geben. Zum Kochen bringen und 5 Minuten garen, dabei rühren, bis die Polenta eindickt. Noch 5 Minuten abgedeckt quellen lassen. Heiß oder lauwarm servieren.

SUPPEN

Unkompliziert und im Handumdrehen zubereitet:
Diese sättigenden Suppen duften und schmecken
herrlich aromatisch.

KÜRBISSUPPE MIT ESSKASTANIEN

Vorbereitung: 10 Minuten
Garzeit: 30 Minuten

Für 6 Personen

1 Handvoll Petersilie
500 g Kürbisfruchtfleisch, grob gewürfelt
200 g Esskastanien (Konserve, vakuumiert)
1 Zwiebel, in schmale Spalten geschnitten
200 g Sahnealternative
6 Salbeiblätter, frisch oder getrocknet

1 l Wasser
½ TL Salz
schwarzer Pfeffer aus der Mühle

Schmortopf, 24 cm Durchmesser

Zubereitung

Die Hälfte der Petersilie hacken und beiseitestellen. Alle übrigen Zutaten in den Topf geben. Aufkochen und 30 Minuten abgedeckt bei schwacher Hitze köcheln. Mit dem Stabmixer glatt pürieren. Mit Pfeffer würzen und mit der gehackten Petersilie bestreut servieren.

KAROTTENCREMESUPPE

Vorbereitung: 10 Minuten
Garzeit: 30 Minuten

Für 6 Personen

500 g Karotten, geschält und in 1 cm dicke Scheiben geschnitten
150 g Kartoffeln, geschält und in kleine Stücke geschnitten
1 Zwiebel, in Spalten geschnitten
1 TL Fenchelsamen
1 Orange, geschält und geviertelt
500 ml Wasser
½ TL Salz
schwarzer Pfeffer aus der Mühle

Topf, 26 cm Durchmesser

165

Zubereitung

Alle Zutaten in den Topf geben. Zum Kochen bringen und 30 Minuten zugedeckt bei schwacher Hitze köcheln. Mit dem Pürierstab zu einer cremigen Suppe verarbeiten. Mit Pfeffer würzen und servieren.

KÜRBISCREMESUPPE

Vorbereitung: 10 Minuten
Garzeit: 30 Minuten

Für 6 Personen

200 ml Kokosmilch
1 kg Butternusskürbis, geschält, entkernt und gewürfelt
1 Knoblauchzehe, gehackt
1 Zwiebel, in Spalten geschnitten
¼ Stängel Zitronengras, gehackt
1 Prise gemahlene Kurkuma
1 TL Korianderkörner
20 g frischer Ingwer, geschält und gehackt
1 l Wasser
½ TL Salz
schwarzer Pfeffer aus der Mühle

Schmortopf, 26 cm Durchmesser

Zubereitung

1 EL Kokosmilch abnehmen und beiseitestellen. Alle übrigen Zutaten in den Topf geben. Zum Kochen bringen und 30 Minuten abgedeckt bei schwacher Hitze köcheln. Mit dem Pürierstab zu einer cremigen Suppe verarbeiten. Mit Pfeffer würzen und mit der beiseitegestellten Kokosmilch beträufeln.

ROTE-BETE-SUPPE

Vorbereitung: 10 Minuten
Garzeit: 30 Minuten

Für 4 Personen

300 g rohe Rote Bete, geschält und gewürfelt
1 Karotte, in Scheiben geschnitten
150 g Kartoffeln, geschält und gewürfelt
1 Zwiebel, in Spalten geschnitten
1 TL Fenchelsamen
1 Bio-Orange, etwa ¼ der Schale als dünne Zeste zugeschnitten, das Fruchtfleisch geschält und in Stücke geschnitten

500 ml Wasser
½ TL Salz
2 EL Sahnealternative auf Sojabasis, zum Servieren

Schmortopf, 26 cm Durchmesser

Zubereitung

Alle Zutaten bis auf die Sahnealternative in den Topf geben. Zum Kochen bringen und 30 Minuten abgedeckt bei schwacher Hitze köcheln. Mit dem Pürierstab zu einer glatten Suppe verarbeiten. Mit der »Sojasahne« garniert servieren.

ZUCCHINICREMESUPPE MIT ROTEN LINSEN

Vorbereitung: 10 Minuten
Garzeit: 30 Minuten

Für 6 Personen

700 g Zucchini, in Scheiben geschnitten
150 g rote Linsen
1 Knoblauchzehe, gehackt
1 Zwiebel, in Spalten geschnitten
1 TL Kreuzkümmelsamen
1 TL gemahlene Kurkuma
1 Prise Chilipulver
8 Minzblätter
500 ml Wasser
½ TL Salz
schwarzer Pfeffer aus der Mühle
Olivenöl, zum Beträufeln

Schmortopf, 26 cm Durchmesser

171

Zubereitung

Alle Zutaten bis auf das Öl in den Topf geben. Zum Kochen bringen und 30 Minuten zugedeckt bei schwacher Hitze köcheln. Mit dem Pürierstab zu einer glatten Suppe verarbeiten. Mit Pfeffer würzen und mit Olivenöl beträufelt servieren.

MISOSUPPE MIT SPINAT & KÜRBIS

Vorbereitung: 10 Minuten
Garzeit: 20 Minuten

Für 4 Personen

1 l Wasser
100 ml Gemüsebrühe
½ TL Salz
100 g Kürbisfruchtfleisch, geschält und klein gewürfelt
150 g Spinat, in Streifen geschnitten
2 EL Misopaste aus Gerste
100 g Seidentofu, gewürfelt
1 rote Frühlingszwiebel, in Röllchen geschnitten
1 EL Sesam

Schmortopf, 26 cm Durchmesser

Zubereitung

Das Wasser mit Gemüsebrühe, Salz und Kürbiswürfeln erhitzen. Etwa 15 Minuten bei schwacher Hitze kochen. Den Spinat hinzufügen und weitere 3 Minuten köcheln. Minimal abkühlen lassen und die Misopaste einrühren. Seidentofu, Frühlingszwiebel und Sesam in Portionsschalen geben und mit der heißen Suppe aufgießen.

MEXIKANISCHE SUPPE MIT AVOCADO

Vorbereitung: 15 Minuten
Garzeit: 30 Minuten

Für 6 Personen

350 g Mais (Konserve), abgetropft
350 g Kidneybohnen (Konserve), abgetropft
400 g Kirschtomaten oder gehackte Tomaten (Konserve)
1 rote Zwiebel, in Spalten geschnitten
1 rote Paprika, gewürfelt
1 EL getrockneter Oregano
1 Prise geräuchertes Paprikapulver
1 Prise Cayennepfeffer
1 Würfel Gemüsebrühe
1 Prise Kreuzkümmelsamen
500 ml Wasser

Saft von 1 Limette
Salz
1 Handvoll geriebene Käsealternative
Blätter von 8 Stängeln Koriander, gehackt
1 Avocado, in Scheiben geschnitten
Tortillachips, zum Servieren

Topf, 26 cm Durchmesser

Zubereitung

Mais, Kidneybohnen, Tomaten, Zwiebel, Paprika, Oregano, Paprikapulver, Cayennepfeffer, Brühwürfel, Kreuzkümmel und Wasser in den Topf geben. 30 Minuten unter regelmäßigem Rühren kochen. Mit Limettensaft und Salz abschmecken. Mit veganem »Reibekäse« und frischem Koriander bestreuen. Avocadoscheiben auf die Suppe legen und Tortillas dazu reichen.

MINESTRONE

Vorbereitung: 10 Minuten
Garzeit: 35 Minuten

176

Für 4 Personen

4 EL Olivenöl
4 Stangen Staudensellerie, gehackt
3 Knoblauchzehen, gehackt
2 Karotten, in dünne Scheiben geschnitten
1 rote Zwiebel, gehackt
1 Zucchini, klein gewürfelt
150 g Kidneybohnen (Konserve), abgetropft
400 g passierte Tomaten (Konserve)
1 Würfel Gemüsebrühe
1 EL Tomatenmark
1 EL getrockneter Oregano

750 ml Wasser
Salz
50 g kleine Suppennudeln
Blätter von 4 Stängeln Basilikum, zum Bestreuen

Schmortopf, 26 cm Durchmesser

Zubereitung

Das Öl im Topf erhitzen. Sellerie, Knoblauch, Karotten und Zwiebel darin 5 Minuten unter Rühren bei mittlerer Hitze anbraten. Alle übrigen Zutaten bis auf die Nudeln und das Basilikum zugeben und 25 Minuten bei schwacher Hitze kochen. Die Nudeln zugeben und weitere 5 Minuten kochen. Mit Salz abschmecken und mit Basilikum bestreut servieren.

VEGANE LAKSA

Vorbereitung: 10 Minuten + 10 Minuten Einweichzeit
Garzeit: 30 Minuten

Für 6 Personen

4 EL geschmacksneutrales Bratöl
2 EL rote Currypaste
1 Knoblauchzehe, gehackt
2 kleine Chilis, gehackt
10 g frische Kurkuma, geschält und gehackt, oder 1 TL gemahlene Kurkuma
1 Zwiebel, gehackt
3 Snack-Paprika (rot, gelb, orange), gehackt
1,5 l Wasser
200 g Chinakohl, gehackt
1 Stängel Zitronengras, längs halbiert
1 EL Agavendicksaft
½ TL Salz
200 g Reisbandnudeln, 10 Minuten in kaltem Wasser eingeweicht, abgetropft
8 weiße Champignons, geviertelt
200 g Tofu, gewürfelt
300 ml Kokosmilch
Saft von 1 Limette
1 rote junge Zwiebel, in dünne Ringe geschnitten
1 kleines Bund Koriander, Blätter gehackt

Schmortopf, 26 cm Durchmesser

Zubereitung

Das Öl im Topf erhitzen. Currypaste, Knoblauch, Chilis, Kurkuma, Zwiebel und Paprika zugeben und unter ständigem Rühren 3 Minuten braten. Wasser, Chinakohl, Zitronengras, Agavendicksaft und Salz hinzufügen und 20 Minuten bei schwacher Hitze kochen. Nudeln, Pilze, Tofu und Kokosmilch zugeben und weitere 5 Minuten köcheln. Mit Limettensaft abschmecken. Das Zitronengras entfernen und alles mit Zwiebel und Koriander bestreut servieren.

DESSERTS

Wer sagt, dass süße Gerichte nicht gleichzeitig gesund und lecker sein können? Einige der folgenden Rezepte schmecken auch zum Frühstück gut.

PORRIDGE MIT HIMBEEREN

Vorbereitung: 5 Minuten + 5 Minuten Wartezeit
Garzeit: 5 Minuten

Für 4 Personen

100 g zarte Haferflocken
400 ml Reis- oder Haferdrink
150 g Himbeeren (frisch oder TK)
2 EL Agavendicksaft
1 Prise Zimt

Schmortopf, 24 cm Durchmesser

183

Zubereitung

Alle Zutaten in den Topf geben. 5 Minuten unter ständigem Rühren bei schwacher Hitze köcheln. Vor dem Servieren noch 5 Minuten quellen lassen.

SCHOKO-KOKOS-PORRIDGE

Vorbereitung: 5 Minuten + 5 Minuten Wartezeit
Garzeit: 5 Minuten

Für 4 Personen

100 g zarte Haferflocken
400 ml Reis-Kokos-Drink
50 g Zartbitterschokolade, gehackt

Topf, 24 cm Durchmesser

185

Zubereitung

Alle Zutaten in den Topf geben. 5 Minuten unter ständigem Rühren bei schwacher Hitze köcheln. Vor dem Servieren noch 5 Minuten quellen lassen.

HAFER-PANNACOTTA MIT HEIDELBEEREN

Vorbereitung: 5 Minuten + mindestens 2 Stunden Kühlzeit
Garzeit: 5 Minuten

Für 4 Personen

1 TL abgeriebene Schale von 1 Bio-Zitrone
400 g Sahnealternative auf Haferbasis
100 ml Haferdrink
1 g Agar-Agar
70 g Zucker
100 g Heidelbeeren (TK)

Topf, 24 cm Durchmesser

Zubereitung

Alle Zutaten in den Topf geben, aufkochen und gut umrühren, um das Agar-Agar gleichmäßig zu verteilen. Nach dem ersten Aufkochen 2 Minuten bei mittlerer Hitze unter ständigem Rühren köcheln. Im Topf abkühlen lassen oder gleich in Portionsschalen gießen und im Kühlschrank fest werden lassen. Gut gekühlt servieren.

PFANNKUCHEN MIT BANANE & MANDELN

Vorbereitung: 5 Minuten + 5 Minuten Wartezeit
Garzeit: 10 Minuten

Für 2 Personen

2 Bananen, in Scheiben geschnitten
50 g Mandeln, gehackt
150 g Seidentofu
100 ml Mandeldrink
50 g Zucker
130 g Mehl

½ Päckchen Backpulver
2 EL Kokosöl
1 Prise Zimt

Pfanne, 30 cm Durchmesser

Zubereitung

Die Hälfte der Bananen und Mandeln beiseitestellen. Alle übrigen Zutaten in der Pfanne mit einem Schneebesen zu einem Teig verrühren. Die Banane eventuell mit einer Gabel zerdrücken. 5 Minuten bei schwacher Hitze in der Pfanne braten, dann 5 Minuten abgedeckt auf dem Herd ruhen lassen. Den Pfannkuchen mithilfe eines Tellers wenden und die andere Seite 5 Minuten backen. Mit den restlichen Mandeln und Bananenscheiben belegen und servieren.

REGISTER

DK | Penguin Random House

Für die deutsche Ausgabe:
Projektbetreuung Carmen Brand
Herstellungskoordination Katharina Schäfer
Herstellung Verena Marquart

Übersetzung Wiebke Krabbe
Lektorat Anna Gülicher-Loll

Titel der französischen Originalausgabe:
Juste une casserole vegan

Der Originaltitel erschien 2021 in Frankreich
bei Hachette Livre (Marabout), Paris, 2021.

ISBN 978-3-8310-4703-1
5902-970625-23137-05

Druck und Bindung Toppan Leefung, China

FSC www.fsc.org MIX Papier | Fördert gute Waldnutzung FSC® C104723

www.dk-verlag.de

Hinweis
Die Informationen und Ratschläge in diesem Buch sind von der Autorin und vom Verlag sorgfältig erwogen und geprüft, dennoch kann eine Garantie nicht übernommen werden. Eine Haftung der Autorin bzw. des Verlags und seiner Beauftragten für Personen-, Sach- und Vermögensschäden ist ausgeschlossen.